Hommage de l'auteur

BARREAU DE LYON

DES

Récentes Critiques

DU

SYSTÈME DE LOMBROSO

PAR

Me BOUGAULT, Avocat

DISCOURS

Prononcé à l'ouverture de la Conférence des Avocats stagiaires le 2 décembre 1895

LYON

IMPRIMERIE MOUGIN-RUSAND

3, Rue Stella, 3

1895

DES RÉCENTES CRITIQUES

DU

SYSTÈME DE LOMBROSO

Par Me BOUGAULT, Avocat.

DISCOURS

Prononcé à l'ouverture de la Conférence des Avocats stagiaires le 2 décembre 1895.

MONSIEUR LE BATONNIER,

MESSIEURS ET CHERS CONFRÈRES,

En me confiant l'honneur de vous entretenir à votre première séance de l'année, mes confrères de la Conférence du stage m'ont fait une grande faveur.

Je voudrais me montrer digne de leur vote, et leur exprimer ainsi ma reconnaissance, beaucoup mieux que par des remercîments, dont la forme, en dépit de mes sentiments très sincères, pourrait être banale.

Je ne puis cependant m'empêcher de leur dire que j'ai été particulièrement sensible à leur désignation, et que j'ai cru devoir accepter ce témoignage de sympathie, malgré la disproportion existant entre mes forces et la tâche à accomplir.

En vous présentant, dans une rapide esquisse, les critiques les plus récentes du système de Lombroso, je n'ai pas l'intention, — ai-je besoin de vous le dire, — d'essayer un exposé complet des doctrines du célèbre criminaliste, encore moins de vous faire part d'idées personnelles sur un sujet aussi vaste. Je n'aurais pu me décider à l'aborder même par son côté le plus étroit, si je n'avais été soutenu par les précieux conseils de quelques-uns d'entre vous. On a bien voulu, en effet, me faire observer qu'il s'est produit, depuis quelques années, autour de l'école italienne, dont le professeur de Turin est le chef, des polémiques enflammées. La louange et le blâme, les acclamations et les critiques, n'ont pas connu de borne. Lombroso a reçu toutes les épithètes les plus diverses. Sans parler des adjectifs « éminent » et « farceur », qui sont la monnaie courante du journalisme actuel, il a été traité au même moment de « divin », bien qu'il soit matérialiste et athée, et de « jeune arlequin » bien qu'il soit déjà d'un âge respectable.

Les uns lui soumettent des projets de statue. D'autres voudraient voir la main du bourreau brûler ses livres. De plus, ses théories ont fait couler des flots d'encre. A une certaine époque, il n'était point de reporter qui ne sût vous expliquer *ex professo*, en vingt colonnes, les mystères de son système, et l'ampleur de ses découvertes. En 1885, au Congrès des anthropologistes de Rome, il brille de tout son éclat. En 1889, le Congrès de Paris voit son étoile pâlir. Dans la suite, ses théories sont revues par le monde savant; les faits qu'il a cités ont été contrôlés, ses expériences refaites, et, en 1892, le Congrès de Bruxelles constate le décès de plusieurs hypothèses, qui avaient été hâtivement baptisées lombrosiennes, et qui avaient à peine vécu dix ans.

C'est à l'aide des comptes rendus de ce dernier Congrès que j'ai essayé, en remontant à la source, ou plus exactement aux sources, de dégager quelques idées précises, adoptées aujourd'hui d'une façon définitive, bien heureux si je puis les exprimer en les dépouillant de leur aspect trop technique et surtout sans trop vous ennuyer.

Lombroso, d'ailleurs, a lui-même autorisé implicitement les avocats à sonder son système et ses procédés. Il a déclaré à mainte reprise que si les uns et les autres étaient admis dans une pratique constante, le droit pénal se trouverait bouleversé de fond en comble, la Faculté de droit ne serait qu'une annexe de la Faculté de médecine, le rôle du juge serait diminué, celui de l'avocat à peu près supprimé, tandis que le médecin aurait seul un grand rôle à accomplir. Il semble, Messieurs, que nous ayons le droit de demander au hardi réformateur en vertu de quels principes, il nous inflige une peine aussi radicale que la suppression presque complète : nul ne peut être condamné à mort, sans être appelé à se justifier.

Pour bien comprendre, Messieurs, le système de Lombroso, il faut vivre de sa vie, et assister en spectateur aux nombreuses expériences qu'il a décrites dans une longue série de livres.

Installé tour à tour dans un amphithéâtre de la Faculté de médecine et dans l'infirmerie d'une prison, c'est dans ces deux foyers de décomposition,— physique et morale,— qu'il a établi son champ d'expérience, et qu'il s'entoure de ses instruments de précision.

Quand il ouvre sa trousse, il est difficile à un profane de se défendre d'un sentiment mêlée d'un peu de crainte. Il s'en échappe toute une série de diagrammes, cartogrammes, clinomètres, cathétomètres, crâniostates. Un anthropomètre, qui fonctionne d'une façon permanente, enregistre, en une seule opération, la taille d'un individu, le diamètre transversal de la tête, le diamètre occipito-frontal, la longueur du nez, la hauteur de l'épaule, la grande envergure, la longueur du médius droit, sans parler d'une foule de dimensions inférieures.

Un sujet se présente, et subit cette séance d'anthropométrie. Ce n'est que le commencement d'une longue étude. Le squelette attire tout d'abord l'attention de l'observateur. L'ampleur du thorax, l'attache du cou, la largeur des épaules, la dimension du pied, sont enregistrées avec le plus grand soin et notées au millimètre.

Mais le crâne surtout est l'objet d'études particulières. Il y a loin, Messieurs, des procédés actuels, à ceux qu'employait Gall, « cet antique et solennel démodé qui caressait « les crânes ». Aujourd'hui la science n'a plus confiance dans le tact d'un chirurgien : il lui faut des mesures plus rigoureuses, et autrement précises.

Elle préfère opérer sur le cadavre pour pouvoir retourner en tous sens les organes qui lui paraissent intéressants. Le cerveau est pesé, disséqué, sondé dans ses moindres circonvolutions; ses lésions, elles peuvent être nombreuses, sont relevées, cataloguées et divisées en une variété infinie d'espèces. Lombroso reproche avec amertume à ses devanciers d'avoir trop négligé le cervelet; un grand chapitre, presque un livre, est consacré par lui à la description de cet organe qui, sous un si petit volume, préside à tant de fonctions d'ordres si variés.

Enfin, l'asymétrie, c'est-à-dire l'irrégularité dans la conformation crânienne est particulièrement observée. Chose étrange! on a même trouvé des lois dans l'irrégularité et certaines catégories de criminels présentent des anomalies qui n'existent pas chez d'autres. C'est à l'expression externe de ces anomalies que Lombroso attribue la laideur du criminel, laideur que le vulgaire traduit en langage courant par les termes de « face de brigand, mauvais œil, mine de voleur ».

Lombroso ne s'arrête pas seulement aux caractères anatomiques et physiologiques, dans l'examen du criminel : il essaie encore de mettre en vive lumière sa physionomie intime et morale.

D'après lui, le criminel est un type profondément buriné dont les goûts, les habitudes, la façon de penser, sont marqués à un coin bizarre et original, se spécifiant en quelque sorte par une manière d'être et d'agir, qui ne permet pas de le confondre avec la catégorie des hommes ordinaires. D'abord son intelligence est au-dessous de la moyenne. Si quelquefois il se présente avec des apparences de talent et de culture intellectuelle, il n'y a rien de sérieux, de suivi, de pondéré dans ses conceptions. L'imprévoyance, la légèreté, la mobilité, l'irréflexion, se manifestent surtout dans la vie du criminel. Elles vont souvent jusqu'à le livrer à la justice, et Lombroso rapporte à cette insouciance la cause initiale de bien des captures dont les juges d'instruction se montrent fiers.

L'imagination criminelle, comme l'intelligence, est généralement rudimentaire. Elle ne s'élève guère au-dessus de l'image vulgaire, triviale, matérielle ; quand le détenu se met à écrire, ou même à assembler des rimes, il se contente de traduire sa pensée ou une passion qui n'a rien d'élevé : la haine, la vengeance, la luxure, l'obscénité. Il en est de même de ses essais, en fait de peinture, de dessin. Ils révèlent toujours une préoccupation de la jouissance bestiale, où l'art n'entre pour rien, même quand la main qui tient le crayon accuse une grande habileté.

Du besoin de cacher sa pensée et de cette façon grossière de concevoir les choses, a dû naître l'argot, cette langue propre au monde criminel.

Cet argot, dans lequel on a voulu voir un reflet du langage des peuples primitifs, est à peu près dépourvu d'expressions pour peindre des sentiments nobles. Mais il multiplie à l'infini les mots destinés à rendre l'idée des choses et des actions habituelles. Il ne compte pas moins de 72 termes pour exprimer l'action de boire, 32 pour exprimer l'argent. La police, la prison, les juges, le vol, l'homicide sont extrêmement riches en dénominations toujours grossières. Quelquefois aussi, l'objet est désigné par un de ses attributs : La mort devient « la maigre », la langue « la menteuse », la lune « la moucharde ».

Je suis trop respectueux de la magistrature, pour vous indiquer, même à titre de plaisanterie, comment sont dénommés dans cet argot, M. le Juge d'instruction, et M. le Président de la Chambre correctionnelle. Je préfère vous dire que les criminels ont pour notre Ordre des égards extraordinaires, et nous ont accordé le seul surnom qui réveille dans leur dictionnaire une idée un peu propre : on nous appelle « des blanchisseurs ».

Il est évident qu'avec les appareils perfectionnés dont il dispose, et après un labeur de plus de vingt ans, Lombroso a dû recueillir une foule d'observations. Il serait intéressant de les lire, mais il nous est naturellement impossible de les contrôler. Nous serons donc obligés de faire appel un instant à ses égaux dans la science, pour leur demander leur avis, et constituer en quelque sorte, un Tribunal du second degré.

Pour lui, il ne professe pas la moindre indécision; il y a certaines tares qui se révèlent dans le physique d'un criminel. Chez ce dernier, la partie postérieure du cerveau est toujours plus forte que la partie antérieure, qui est généralement très petite et comme atrophiée. L'angle facial est remarquable par son exiguïté. La machoire, au contraire, le système de mastication, dents, muscles et os, présentent constamment des dimensions, un volume et une puissance supérieure à tout ce que l'on peut constater chez l'homme normal. L'asymétrie du cerveau est constante et sur la partie occipitale, il y a presque toujours des renflements, qui se présentent 60 fois pour 100 chez les assassins, 63 fois chez les faussaires, 67 fois chez les voleurs, 70 fois pour les condamnés aux mœurs.

L'énumération de ces observations pourrait être longue; elle serait sûrement inutile pour le but que nous nous proposons.

La conclusion que Lombroso en tire est plus intéressante à notre point de vue. En réunissant toutes les données scientifiques, recueillies par lui ou ses élèves, il arrive à constituer de toute pièce, un être moral, qu'il appelle le type criminel, ou le criminel-né. D'après son école, et nous prenons acte de sa déclaration, « la moitié environ, sinon la majorité des criminels appartient à la malheureuse catégorie des individus prédestinés au crime. Cette prédestination résulte de conditions organiques, de véritables tares congénitales qui ne peuvent être modifiées ; par conséquent l'examen anthropologique du sujet fournit la preuve de son caractère criminel (1). »

Ces quelques lignes qui ont l'apparence d'une abstraction scientifique sont grosses de conséquences pratiques ; c'est le résumé, en quelque sorte officiel, de toute une théorie dont le développement ne s'est pas fait attendre, et qui ne devra être reconnue pour exacte que lorsque les observations scientifiques placées à sa base seront démontrées rigoureuses. C'est cette démonstration qui est loin d'être faite, ainsi que j'aurai l'honneur de vous l'exposer. Mais avant de faire appel aux savants critiques, il est facile de découvrir, dans

---

(1) *Droit pénal*, p. 173.

les livres de Lombroso, certaines théories que les profanes peuvent examiner aussi utilement que lui, et qui frappent notre esprit et notre raison assez défavorablement pour nous faire jeter sur tout le système un regard peu bienveillant.

Si l'autopsie ou l'analyse n'a pas révélé chez le criminel une de ces tares organiques de premier ordre qui permettent de le ranger d'un seul coup dans la catégorie des criminels prédestinés, il appartiendra alors à une classe d'individus non développés, à une série de malades dont les facultés n'ont pu s'accroître et s'épanouir. *C'est le type criminel infantile.*

Mais pour que cette thèse soit vraie, il faut supposer, *a priori*, que l'enfant porte en lui les germes de tous les défauts et les tendances des pires scélérats.

Cette constatation ne fait pas frémir le professeur de Turin, et il trace de l'enfant un tableau vraiment odieux à force d'être chargé. D'après lui, l'enfant révèle une prédominance remarquable aux penchants antisociaux, rusé, dissimulé, menteur, paresseux, vaniteux, imprévoyant, sans pudeur et sans pitié. « Les germes de la folie et du crime, dit-il, se rencontrent dans les premières années de l'enfance, non par exception, mais à l'état normal, comme, dans l'embryon, se rencontrent certaines formes qui dans un adulte sont des monstruosités. Si bien que l'enfant représenterait un homme privé du sens moral, ce que les aliénistes appellent un fou moral et nous un criminel né. »

Il y a loin de cet être pervers décrit par Lombroso à la charmante créature que son innocence et sa candeur ont fait si souvent appeler du nom d'ange, et il est très dur pour un père, de lire des lignes aussi froidement écrites sur les petits êtres qui sont la joie du foyer domestique, et le rayon de soleil qui éclaire les jours sombres. — Je ne parle pas des mères, car, je crois qu'elles seraient plus promptes à déchirer les lignes qu'à les lire.

Eh quoi ! Dans cet enfant qui s'ouvre tous les jours de plus en plus à la vie, se développe intellectuellement, s'oriente de lui-même vers ceux qui l'entourent, se rapproche par un élan du cœur et un essor naturel des compagnons de son âge, — sous les traits de cette fillette qui sourit à l'existence avec cette naïve confiance de tous ceux qui aiment et qui ignorent,... je devrais voir d'après Lombroso, une petite brute, naturellement cupide, égoïste, voleuse, jalouse, fraudeuse, sceptique et révolutionnaire?

Après un pareil coup de crayon, le peintre a eu horreur de son œuvre... et, dans une contradiction qui repose, il admet des exceptions, — au moins une, — se rappelle qu'il a été père et laisse échapper ce cri du cœur : « Tu étais de ces exceptions, ô mon ange, dont les yeux si doux, si brillants, m'illuminent encore au fond de ton sépulcre, toi qui ne semblais ne te réjouir que du plaisir d'autrui. »

Ce cri du père est plus vrai que toutes les observations du savant. Même en se corrigeant, il nous semble que Lombroso a fait une erreur. Sa fille, si charmante qu'elle pût être, n'était point une exception, mais la règle. Sans doute, il y a des enfants qui sont des monstres, et de nos jours surtout, ainsi que l'a fait remarquer très judicieusement un magistrat de la Seine, qui porte un nom célèbre, M. Bomjean, le crime et le suicide pourraient être appelés des maladies de l'enfance.

Mais la haine et l'instinctive horreur que nous inspire le crime accompli par un gamin de 12 ans, indiquent assez qu'il répugne à notre raison d'assimiler l'enfant au criminel, et les exemples épouvantables sur lesquels Lombroso essaie d'étayer sa doctrine, révèlent par leur étrangeté même qu'ils sont l'exception. Le mode d'observation employé par lui dans le cas qui nous occupe, manque de précision. Il étudie d'abord 79 détenus, puis 160 enfants pris dans les écoles communales. Chez les premiers, il trouve en effet les caractères avec lesquels il compose son type. Quoi d'étonnant, puisqu'il a choisi précisément des criminels pour ses observations? Il y a donc une sélection qui rend nuls les arguments qu'on essaie d'en tirer pour établir une thèse générale. Même en faisant abstraction de ce point de vue et en se bornant à étudier le tableau dressé par Lombroso, on découvre sans peine le vice de son raisonnement. Les anomalies qu'il relève ont toutes une cause pathologique. Ce sont des tares héréditaires, alcoolisme ou épilepsie. Les sujets soumis à son étude sont donc des anormaux.

Quant aux 160 enfants pris en dehors des maisons de correction, tout compte fait, il s'en trouve exactement 28 en qui l'on trouve des tares définies. La démonstration manque ainsi de rigueur, mais encore se retourne contre la théorie de l'infantilisme.

Qu'il soit un homme incomplet ou rempli de tares, le criminel pour Lombroso est toujours un irresponsable.

Pour être libre, en effet, il faudrait qu'il pût modifier son cerveau, panser ses plaies internes, diminuer ses bosses, ou faire naître celles qui lui manquent.

C'est là que la théorie de Lombroso devient d'une gravité exceptionnelle.

Devant un malade, la société n'aura plus le droit de punir. « Le crime, dit-il, est un phénomène naturel, un fait nécessaire, comme la mort, la conception, » et son disciple de cœur, Puglia, écrivait : « Les anthropologistes nient formellement que l'on puisse rencontrer parmi les puissances de l'homme, celle du libre arbitre. Ils admettent sur la base des résultats expérimentaux que les phénomènes psychiques sont les conséquences nécessaires des phénomènes physiologiques. »

Avec de pareilles théories, que fera la société en présence d'un assassin?

Il est dangereux, pour ses semblables, cela est évident.

Mais il est innocent, puisqu'il n'était pas libre de commettre ou de ne pas commettre son crime.

Le punir, c'est à la fois une nécessité et une cruauté.

Lombroso paraît avoir voulu se tirer de cet effroyable dilemme, par une réponse vague qui ressemble à un jeu de mots. La société ne punira pas, elle n'en a pas le droit. Mais elle *éliminera* le sujet dangereux, elle supprimera du corps social cette molécule dont l'assimilation ne saurait se faire, l'enlèvera de la fréquentation de ses semblables, par la séquestration, la prison, ou même la mort, suivant qu'elle se jugera légèrement ou profondément menacée.

L'organe par lequel la société prononce sa sentence, n'est plus un juge, c'est un médecin; celui-ci examine ce détraqué, ce disgracié de la nature, qui a troublé la sécurité publique; si le mal est incurable, le praticien sera radical. S'il est de sa nature guérissable, le médecin sera conservateur.

Aussi, à cette science nouvelle, il faut des mots nouveaux.

Les vieilles formules, responsabilité, expiation, châtiment, volonté, doivent rejoindre les vieilles théories dont elles étaient la traduction fidèle et constante.

La seule chose à considérer dans le criminel, c'est la *témibilité,* c'est-à-dire la dose de danger qu'il fait courir à l'ordre social.

Voici par exemple, un voleur, jeune, accusé d'un vol dont la gravité importe peu, puisqu'il est convenu que le crime disparaît derrière le criminel. Lucchini dicte au juge d'instruction cet interrogatoire :

« Est-il oisif? Il est dangereux, s'il demeure dans l'oisiveté. A-t-il été entraîné dans les mauvaises compagnies? Il est dangereux s'il ne change pas de compagnon. A-t-il enfin dans son sang l'hérédité de vagabonds, de fous d'ivrognes, avec les signes du criminel instinctif? Il est perpétuellement à craindre. Le remède est indiqué : ce sera dans le premier cas, la correction par le travail ; dans le second, la relégation ; dans le troisième, la réclusion. On ne voit pas pourquoi, dans ce dernier cas, ce ne serait pas le gibet. » On croirait lire, non pas un traité de droit pénal, mais un traitement indiqué contre une maladie contagieuse. En première ligne des mesures antiseptiques. En seconde ligne, l'évacuation des malades. Enfin, quand tout est inutile, l'enterrement immédiat. C'est à se demander pourquoi le criminaliste ne va pas plus loin et consent à laisser le criminel se manifester même une seule fois. S'il est vrai, d'une part, que le droit de punir n'a d'autre fondement qu'un but utilitaire, si d'autre part, il est facile de diagnostiquer à première vue les stigmates d'un être vicié, il serait logique d'établir une commission de praticiens expérimentés qui fonctionnerait en permanence, passerait la visite de tous les hommes à leur sortie de l'adolescence, ferait une sélection entre les sujets prédisposés et les sujets sains et établirait entre les premiers et les seconds un cordon sanitaire.

N'est-on pas tenté de frémir en voyant des changements aussi graves se faire jour, et se répandre dans le public, en se recommandant seulement de constatations physiologiques qui reposent pour la plupart sur des mesures variant de quelques millimètres? Et il est temps de nous demander si elles sont assez solides pour supporter le poids des théories échafaudées sur elles.

En tout cas, la nouvelle école ne sait pas faire preuve de modestie. Elle proclame ses découvertes, multiplie ses appels aux sommités de la science, en espérant, dit le professeur de Turin, que tous ces « nobles esprits sauront renoncer à des convictions qui, formées dans leur jeunesse, grandies avec leur gloire, doivent leur être doublement précieuses. »

Et enfin, comme il fallait bien que les grâces de la littérature vinssent couronner cet ensemble de propositions scientifiques, Lombroso emprunte aux Allemands une pesante métaphore, et nous adjure de renoncer pour jamais à défendre *la citadelle gothique* du libre arbitre.

Cette vieille forteresse, Messieurs, a résisté aux coups que lui a portés Lombroso, au premier Congrès anthropologique de Rome en 1885. Mais il avait frappé d'une façon si violente et si subite, qu'il avait causé dans le monde savant un étonnement profond. Personne ne s'attendait, excepté quelques adeptes, à cet ensemble de chiffres et d'observations de toutes sortes, qui demandaient l'examen le plus sérieux. Le Congrès de 1889 a permis au moins à quelques adversaires de manifester des doutes. Celui de 1892, à Bruxelles, a mis en pleine lumière des contradictions si flagrantes que quelques-unes prêteraient à rire, si la plaisanterie pouvait trouver place dans un sujet aussi sérieux.

La première critique, et elle est capitale, se présente à l'esprit de tout lecteur, aussitôt qu'il a fermé le premier livre de Lombroso, et c'est en vain que dans les autres, il en chercherait la réfutation.

A chaque ligne, l'auteur nous parle d'anomalies, de cas bizarres, de tares exceptionnelles, avec lesquelles il compose son type criminel. Il n'oublie qu'une chose, c'est de nous définir d'une façon rigoureuse ce qui n'est ni étrange, ni exceptionnel, en un mot de nous présenter le type normal. Dans toute comparaison, il faut un point de départ, un premier terme qui serve de base assurée.

Si difficile que soit la question, il y aurait intérêt à ce qu'elle fût résolue.

En effet, je crois que, parmi nous, ceux qui ont placé leur front sur les genoux de Lombroso, pour faire palper ou examiner leur crâne, sont au moins en infime minorité. Mais chacun de nous peut se demander s'il a le crâne normal, et si le savant italien n'y trouverait pas des tares hideuses qui n'attendent qu'une occasion favorable pour se manifester.

Aussi un spirituel journaliste a pu dire que cette lecture lui avait laissé « une inquiétude grave dans l'esprit, et sous son crâne une véritable tempête. »

Lombroso a si bien senti la portée de cette critique, qu'il essaie, avec une admirable souplesse, de sortir de ce dilemme, et nous répond que, la nature ne faisant pas de bond, il n'y a pas de monstre proprement dit, qu'entre l'homme criminel et l'homme ordinaire, il n'y a pas de différence caractéristique, mais une exagération de certains signes, en plus ou en moins. Le problème reste entier. L'exagération suppose un état positif, susceptible d'être augmenté ou diminué. Ne pas l'indiquer, c'est presque avouer que l'homme normal n'existe pas — ce qui est évidemment un paradoxe.

Une autre critique importante tombe également sous le sens de tous les lecteurs, même les moins initiés à l'anthropologie. Il suffit de remarquer que si nombreuses que soient les observations de Lombroso, elles se terminent toutes de la même façon, c'est-à-dire par des moyennes, mais jamais par une donnée constante.

Or, Messieurs, rien n'est plus dangereux que la statistique, puisque nous voyons souvent dans les discussions les plus vives les mêmes nombres invoqués à la fois par les deux partis opposés. C'est en tout cas, lui donner une importance beaucoup trop grande que de la prendre pour base d'une loi.

La loi suppose avant tout un élément fixe, constant et immuable. Les statistiques et les moyennes indiquent simplement la fréquence ou la rareté de tels phénomènes. Mais leurs résultats sont précaires. Déjà, au Congrès de Paris, le docteur Manouvrier déclare que: « Si les caractères décrits par Lombroso étaient simplement classés comme des particularités intéressantes, il en prendrait note avec plaisir, mais que s'il s'agit d'expliquer les criminels par l'anatomie il considère les recherches elles-mêmes comme mal engagées et devant manquer leur but. » Il est certain que, si à la place de cent observations diverses, nous avions un seul caractère étudié sur toutes ses faces, la discussion serait circonscrite dans un champ limité.

Au moins faudrait-il que les moyennes invoquées par Lombroso fussent fondées sur des observations essentiellement homogènes, et dans des conditions à peu près semblables, d'âge, de sexe, de milieu, et de condition d'existence. Les résultats auxquels nous conduit le mépris de cette homogénéité sont vraiment bizarres.

Ceux d'entre vous, Messieurs, qui sont originaires de l'Auvergne et de la Bretagne, voudront bien me pardonner si je leur révèle un petit travers de leur physique. Ils appartiennent, paraît-il, à une race brachycéphale, et ont une capacité cranienne inférieure à la normale.

Ce désavantage, si toutefois c'en est un, est partagé par les nègres, et malheureusement par un grand nombre de délinquants, s'il faut en croire quelques lombrosiens que ce rapprochement a mis en joie. Leur école, en effet, n'est pas tendre pour la race noire, qu'ils dépeignent comme naturellement réfractaire à toute vertu, criblée de tares, odieusement immorale, fermée à tout bon sentiment. Le criminel de

nos races ne serait donc qu'un être retrogade, retournant à l'abrutissement ou à la bestialité, possédant les mêmes caractères que la race déchue, quelque chose enfin comme un nègre blanc. Pour être logique, il faudra conclure que tous les Auvergnats et tous les Bretons sont anthropophages et barbares ; conclusion suffisamment absurde en elle-même pour que je me dispense d'ouvrir les statistiques criminelles si chères à Lombroso ; elles vous montreraient cependant que dans les montagnes de l'Auvergne aussi bien que sur les plages de l'Armorique, les condamnations pour attentats aux mœurs sont la minorité, presque l'exception.

Ce ne sont pas les seuls déboires que la capacité crânienne cause à Lombroso.

Les docteurs Reger et Bordier affirment que les criminels ont une capacité supérieure à la moyenne. Lombroso la trouve inférieure: Ranke la trouve égale. Même désaccord pour le poids du criminel. Lombroso le veut lourd, grand et épais. Thomson, en Angleterre, le trouve ni grand ni lourd.

Les Italiens le veulent brun plutôt que blond. Les Allemands et les Suédois plutôt blonds que bruns.

D'après Ferri, l'homicide a le bras plus long dans le Piémont, en Venétie, en Romagne. En Sicile, il l'a trouvé plus court.

Ces divergences n'ont pas arrêté ces mesureurs acharnés de la nouvelle école, mais ils paraissent se heurter de plus en plus à des données fantaisistes.

Un des disciples de Lombroso ayant affirmé que la circonférence totale du crâne varie suivant les différentes classes de la société, le docteur Bordier essaie de prendre des mesures sur des savants, sur des nobles, sur des bourgeois et enfin..., tout au bas de l'échelle sur des assassins.

Est-ce une fantaisie de son crâniostate? Est-ce une ironique vengeance de la classe des prolétaires? Mais il constate que les savants et les garçons de peine ont rigoureusement la même moyenne, si bien que le docteur Francotte conclut ironiquement « que servir la science et servir un maître, c'est tout un, au point de vue du crâne. »

L'asymétrie elle-même ne donne pas à la nouvelle école les résultats qu'elle espérait.

Bien avant elle, on avait étudié les corrélations existant entre la configuration du crâne et le moral de l'homme.

Le plus illustre physiologue, Bichat, dont les leçons sur le cerveau, et les *Recherches sur la vie et la mort* resteront célèbres, a prouvé par son propre exemple qu'il ne fallait pas attacher à certaines disproportions une importance trop grande. Son autopsie, en effet, a révélé des inégalités extraordinaires dans les protubérances de son crâne, et, à ce sujet, le docteur Topinard déclare que les bosses asymétriques proviennent le plus souvent d'une cause bien vulgaire : la position défectueuse donnée aux enfants dès le bas âge, tant dans leur berceau que sur les bras de leurs parents.

Voilà donc les mères et les nourrices coupables de révolutionner par leur inexpérience toute la théorie du droit pénal, assurément comme M. Jourdain faisait de la prose, sans le savoir. Enfin, s'il est vrai que le strabisme se présente souvent chez le criminel, il est assez fréquent chez d'autres personnes mêmes les plus saines et les plus honnêtes, pour qu'on ne puisse lui attribuer aucun caractère distinctif. J'ai même entendu soutenir cette thèse, qui peut être discutée, c'est vrai, qu'un faux trait dans l'œil donne quelquefois à une physionomie, une certaine originalité et que bien des femmes n'attribuent pas un sens infernal à la qualification de beauté de diable qu'il contribue à leur faire donner.

D'autres critiques aussi graves se sont fait jour sur des

particularités dont l'étude nous entraînerait peut-être trop loin, elles portent plutôt sur des points de détail que sur l'ensemble de la méthode lombrosienne. C'est ainsi que, une certaine forme de l'oreille, dite oreille en anse, considérée comme un indice de criminalité par Lombroso, se révèle 72 fois pour 100 chez des malades dont le seul crime est d'être tuberculeux. C'est ainsi encore que quelques défectuosités du cervelet dont il fait autant de stigmates du vice ont été remarquées par le docteur Feré, médecin de Bicêtre, chez des vieillards de la Salpêtrière, qui ne sont admis qu'à la condition d'avoir un casier judiciaire absolument net.

Mais je crois, Messieurs, vous avoir assez complètement exposé les contradictions qui se sont fait jour pour vous permettre d'apprécier et de partager la conclusion du récent Congrès d'anthropologie, ainsi formulée :

« Le type anatomique désigné par le professeur Lombroso comme appartenant au criminel né est un produit hybride, composé en réunissant des caractères puisés à des sources différentes. Ce n'est donc pas un type réel. En admettant que ce type se rencontre, encore est-il réalisé seulement dans la minorité des criminels, il doit donc être rejeté. »

Vous remarquerez, Messieurs, que je n'ai point fait appel aux doctrines philosophiques et que je me suis abstenu de plaider la cause de notre liberté, trop aisément oubliée par Lombroso.

Sa défense si conforme à mes sentiments et à mes croyances les plus chères aurait été trop facile. J'ai préféré mettre la philosophie hors de cause et laisser les physiologues échanger leurs arguments.

Il y a chez eux une tendance trop accusée qui les pousse à sortir de leur domaine et à imposer au monde psychologique et moral des théories qui dérivent d'observations purement physiques et naturelles.

Chacun sait cependant qu'il y a en lui deux hommes, l'un entraîné par les appétits matériels, l'autre qui s'élève et résiste et chacun de nous peut répéter ce que Louis XIV disait à Racine : « Je connais bien ces deux hommes-là. »

Si la vertu, le courage, le désintéressement, le mépris de l'argent, ont été admirés et honorés de tout temps, de tous les peuples, à toutes les latitudes, c'est parce qu'ils accusent chez ceux qui les pratiquent une énergie militante, un effort constant sur eux-mêmes, pour triompher de l'inertie de la matière. Nous priver de ce ressort, nous persuader que notre vie morale est irrévocablement à la merci d'un vice de constitution, c'est nous assimiler, au nom de la science, à un mécanisme, qui, si perfectionné qu'il soit, n'en est pas moins qu'une collection de rouages engrainés les uns dans les autres.

Paul Bourget a fait une admirable analyse de l'état d'âme que produisent, chez les innocents qu'elles ont séduits, les théories si vagues et si flottantes, appelées aujourd'hui « théories des hérédités » ; d'après lui, elles ouvrent la porte à la torpeur de l'esprit, au fanatisme inconscient, à l'anémie de la volonté ; aux coupables, elles apportent l'impossibilité du repentir, le découragement, la négation du relèvement moral.

Sans doute, en arrivant au monde, tout être vivant apporte en lui l'héritage nécessaire de ses ressemblances, physiques et morales avec un de ses ancêtres.

Si cet héritage le rend complètement dépourvu du sens moral, ou a au contraire simplement émoussé ses facultés, les aliénistes devront constater sa folie, ou rechercher dans quelle mesure sa responsabilité peut être engagée. Il ne leur est jamais interdit de s'entourer de tous renseignements utiles, et nous avons le devoir de provoquer cette recherche, dans tous les cas où l'on peut avoir des doutes. C'est ce principe qu'affirmait avec une grande modération et un rare bonheur d'expression, l'avocat de Caserio, dans l'inoubliable séance du 3 août 1894, et si la théorie de Lombroso aboutissait seulement à cette conclusion, qu'aucun coupable ne doit être jugé, sans qu'on ait essayé de rechercher à quel point son moral a pu etre influencé par son physique, tout le monde, je crois, applaudirait des deux mains.

Mais, affirmer qu'il est l'esclave de sa constitution, que ce servage ne saurait avoir de fin, que la tare morale est indélébile comme la tare physique dont elle serait la conséquence, c'est nier la liberté humaine, oublier l'amélioration possible de l'individu et des races, c'est admettre enfin ce que la majorité des physiologues repousse dans les conclusions du dernier Congrès et vous me permettrez, Messieurs, de persister dans ces conclusions.

Lyon. — Imp. Mougin-Rusand, rue Stella, 3.

www.ingramcontent.com/pod-product-compliance
Ingram Content Group UK Ltd.
Pitfield, Milton Keynes, MK11 3LW, UK
UKHW020410190726
13838UKWH00006B/2349